날씨야, 진실을 말해 줘!

캐슬린 퀴들린스키 글 | 세바스티아 세라 그림 | 이재윤 옮김

나는별

틀을 깨는 과학 01
날씨야, 진실을 말해 줘!

초판 1쇄 펴낸날 2015년 10월 17일. | 초판 3쇄 펴낸날 2019년 10월 27일

글 캐슬린 퀴들린스키 | 그림 세바스티아 세라 | 옮김 이재윤 | 부록 구성 나는별, 위키미디어 공용

펴낸이 김수현 | 편집 조승현 | 디자인 인앤아웃 | 마케팅 김수현 | 제작 (주)웅진

펴낸곳 나는별 | 출판등록 제2014-000056호 | 주소 (우)13474 경기도 성남시 분당구 판교로210번길 14, 101호

전화 070-8849-5340 | 팩스 0505-300-2727 | 전자우편 fstarbook@naver.com | 블로그 http://blog.naver.com/fstarbook

BOY, WERE WE WRONG ABOUT THE WEATHER! by Kathleen Kudlinski and illustrated by Sebastia Serra

Copyright © 2015 by Kathleen Kudlinski and Sebastia Serra

All rights reserved.

This Korean edition was published by FlyingStar Books co. in 2015 by arrangement with Dial Books for Young Readers, an imprint of Penguin Young Readers Group, a division Penguin Random House LLC through KCC(Korea Copyright Center Inc.), Seoul.

이 책은 (주)한국저작권센터(KCC)를 통한 저작권자와의 독점계약으로 나는별에서 출간되었습니다. 저작권법에 의해 한국 내에서 보호를 받는 저작물이므로 무단전재와 복제를 금합니다.

ISBN 979-11-953801-7-6 74400 | 979-11-953801-6-9(세트)

*이 책의 국립중앙도서관 출판예정도서목록(CIP)은 서지정보유통지원시스템 홈페이지(http://seoji.nl.go.kr)와 국가자료공동목록시스템(http://www.nl.go.kr/kolisnet)에서 이용하실 수 있습니다. (CIP제어번호 : CIP2015026167)
*이 책의 일부에는 아모레퍼시픽의 아리따글꼴이 사용되었습니다. *잘못 만든 책은 구입하신 곳에서 바꾸어 드립니다. *책값은 뒤표지에 표시되어 있습니다.

*어린이제품 안전 특별법에 의한 제품 표시
제조자명 나는별 | 제조년월 2019년 10월 | 제조국 대한민국 | 사용연령 만 5세 이상

나는별은 모두가 하늘 높이 나는 별이 되길 꿈꾸는 출판사입니다

사랑하는 아들 헨리를 위하여
-캐슬린 퀴들린스키-

변함없는 우리의 기상 예보관, 논노 훌리오에게
-세바스티아 세라-

멀고 먼 옛날, 사람들은 날씨에 관해 잘 몰랐어요.
그때는 용감한 수메르 군사들도 폭풍우를 두려워했지요.
폭풍우는 날씨의 신인 '엔릴'이 화가 나서 천둥과 번개로
하늘을 뒤덮은 거라고 생각했어요.
그래서 수메르 사람들은 엔릴을 달래기 위해 춤을 추었어요.
그러면 폭풍우가 멈출 거라고 믿었거든요.
하지만 그들은 틀렸어요!

에스파냐 탐험가들이 처음 대서양을 건널 때 엄청난 폭풍우를 만났어요. 지금껏 보아온 것 중 최악의 폭풍우였지요. 무섭도록 거센 비바람에 배가 바다 밑바닥으로 곤두박질쳤어요.
가까스로 카리브 해의 섬에 도착한 선원들은 그곳에 살던 타이노 인디언을 만나게 되었지요.
인디언들은 그들이 만난 폭풍우가 폭풍의 신 '우라칸'이 만드는 거라고 말해 주었답니다.

에스파냐에 돌아온 탐험가들은 사람들에게 우라칸이 만든 폭풍우인
'허리케인'에 대해 이야기했어요. 하지만 사람들은 믿지 않았어요.
탐험가들이 허풍을 떠는 거라고 생각했으니까요.
하지만 그들은 틀렸어요!

허리케인은 많은 비와 함께 다니는 거대한 회오리바람이에요.
아주 더운 열대 지방의 바다에서 생겨나지요. 처음에는 작은 폭풍 정도지만, 따뜻한 바다를 건너는 동안 바다에서 많은 수증기를 빨아들여 점점 커지고 힘도 세져요. 그러면 한 시간에 수십 킬로미터를 이동하고, 폭이 수백 킬로미터에 이르는 거대한 허리케인이 되는 거예요.

다행히 요즘에는 허리케인이 다가올 때면 사람들이 대비할 수 있도록 과학자들이 미리 경고를 해 준답니다.

고대 그리스의 철학자 아리스토텔레스는 《메테오롤로지카》라는 책을 썼어요.
그는 책에서 세상의 모든 것은 흙, 공기, 바람, 불로 이루어졌다고 했지요.
심지어 날씨도 이 네 가지에 의해 결정된다고 말했어요.
하지만 그는 틀렸어요!

날씨에 가장 큰 영향을 미치는 것은 바로 태양열이에요. 또 지구가 자전하기 때문에 바람이 소용돌이치고 폭풍도 이동하지요. 그리고 지구가 자전축이 기울어진 채로 태양 주위를 공전하기 때문에 계절에 따라 날씨도 바뀌는 거고요. 이 밖에도 날씨에 영향을 미치는 것들은 아주 많아요.

산맥도 날씨에 영향을 미쳐요. 빙하와 사막, 호수, 바다도 그렇고요.
커다란 화산에서 뿜어져 나오는 열기와 먼지도 날씨를 변하게 하지요.
큰 도시들과 긴 해안선도 마찬가지예요. 날씨를 변하게 하는 원인은 아주 다양해요!
요즘에는 날씨에 관한 정보와 자료를 모두 슈퍼컴퓨터로 분석해서 날씨를 연구해요.
비록 아리스토텔레스의 생각은 틀렸지만, 그의 책에서 이름을 따서
날씨를 연구하는 학문을 '메테오롤로지', 즉 '기상학'이라고 한답니다.

사람들은 변덕스러운 날씨 때문에 당황하거나 피해를 입고 싶지 않았어요.
그래서 날씨를 예측할 수 있는 방법이 없을까, 이리저리 궁리했지요.
고대 중국 사람들은, 잠자리가 옆으로 날지 않고 위아래로 날면
곧 비가 올 징조라고 생각했어요.
하지만 그들은 틀렸어요!

다른 방법으로 비를 예측한 사람들도 있었어요. 2천여 년 전, 배를 타던 선원들은 자기들만의 독특한 방법으로 날씨를 예측하고 대비했어요. 해가 뜰 때에 하늘이 붉게 물들면 미리 조심했고, 해가 질 때에 하늘이 붉게 물들면 기뻐했지요. 이것은 실제로 잘 맞았어요. 왜냐하면 아침노을은 공기 속에 습기가 많을 때 생기니까 폭풍우가 몰려올 징조였거든요. 하지만 저녁노을은 공기 속에 먼지가 많을 때 생기니까 날씨가 맑을 징조였지요.

요즘에는 다양한 과학 장비를 이용해서 날씨를 예측해요.
예를 들면 기압계로는 공기의 압력, 즉 기압을 재서
날씨의 변화를 살피지요. 보통 기압이 높아지면 날씨가 좋아지고,
기압이 낮아지면 날씨가 나빠지거든요.

이제 우리는 날씨에 대해 옛날 선원들보다 훨씬 많이 알고 있어요.
그래도 여전히 날씨를 예측하는 건 힘든 일이지요.
하지만 기상학자들은 날씨를 정확히 예측할 수 있을 때까지
절대 포기하지 않을 거예요.

옛사람들은 우주에도 공기와 날씨가 있다고 생각했어요.
하지만 그들은 틀렸어요!
과학자들이 날씨를 연구하기 위해 로켓에 장비를 실어 우주로 올려 보내 봤더니, 하늘 높이 올라갈수록 공기가 점점 적어지다가 마침내 완전히 사라진다는 걸 알게 되었어요. 즉, 지구는 두꺼운 공기층으로 둘러싸여 있고, 그 공기층 너머는 공기가 전혀 없는 얼음처럼 차가운 공간이랍니다.

과학자들은 북극의 얼음 밑에서 공룡 화석을 발견했어요. 공룡은 따뜻한 기후에서 살았으니까 북극이 항상 추웠던 건 아니라는 사실을 말해 주지요. 또 사막이나 정글에서도 빙하의 흔적을 발견했어요. 그러니까 사막이나 정글도 항상 뜨거웠던 건 아니에요. 이곳에도 빙하가 있었는데 차츰 녹아서 사라진 거예요. 수천 년 전에는 이런 기후 변화가 자연적으로 일어났답니다.

그런데 요즘은 주로 인간 때문에 기후가 변하고 있어요.
과학자들은 인간이 기후에 미치는 영향을 걱정하고 있지요. 인구가 늘어나면서 석탄과 나무, 가스, 기름, 휘발유 같은 연료를 점점 더 많이 태우게 되었거든요.
연료를 태우면 그을음 섞인 먼지와 이산화 탄소가 공기 중으로 뿜어져 나온답니다.

1백여 년 전, 스웨덴의 과학자 아레니우스는 그을음과 이산화 탄소가 지나치게 많아지면 태양열이 대기 밖으로 빠져나가지 못할 거라고 말했어요.
그런데 그가 맞았어요!

최근 들어 지구의 기온이 계속 올라가고 있어요.
이런 현상을 '지구 온난화'라고 해요.
지구 온난화로 지구 곳곳에서 이상 기후 현상이 나타나고 있지요.
어떤 곳은 지나치게 뜨거워지고, 어떤 곳은 지나치게 차가워지고요.

어떤 곳에는 전에 없던 홍수가 나는가 하면, 어떤 곳에는 가뭄이 들기도 하지요. 극심한 폭염과 혹독한 한파가 점점 흔해지고 있어요. 게다가 백 년에 한 번쯤 나타나던 무시무시한 폭풍우도 예전보다 훨씬 자주 찾아오고 있답니다.

과학자들은 지구 온난화 때문에 나타나는 새로운 날씨 패턴을 연구하고 있어요. 기상 위성이 지구 주위를 돌면서 날씨 변화를 측정해 기록하고 사진을 찍지요. 그러면 과학자들은 이 자료를 분석해서 앞으로 어떤 일이 벌어질지 밝혀내려고 애쓰고 있답니다.

사람들이 지금보다 연료를 덜 태우고, 나무도 덜 베어 낸다면
지구 온난화는 늦춰질 거예요. 태양열과 풍력 발전을 이용하면
화석 연료를 훨씬 적게 사용할 수 있지요.
지구 온난화가 느려지면 이상 기후를 걱정할 일도 줄어들 거예요.

지금 이 순간에도 과학자들은 날씨에 대해 쉼 없이 연구하고 있어요.
빗방울이 생기게 도와주는 세균을 연구하는 과학자,
토네이도나 태풍이 언제 시작하는지를 예측하는 과학자.
심지어 다른 행성의 날씨를 조사하는 과학자도 있지요.
하지만 우리는 여전히 날씨에 대해 모르는 게 아주 많아요.

어쩌면 여러분이 나중에 커서 어른이 되었을 때 이렇게 말하는 과학자가 될 수도 있어요.
**"얘들아, 너희가 틀렸어!
날씨에 관한 진실은 바로 이거란다."**

날씨에 관한 진실

날씨는 한 지역에서 그날그날의 비, 구름, 바람, 기온 따위가 나타나는 대기 상태예요. 날씨에 대해 자세히 알아볼까요?

기온은 무엇일까요?

기온은 우리를 둘러싸고 있는 공기의 온도예요. 기온이 높으면 덥고, 기온이 낮으면 춥다고 느끼지요.

기온은 햇빛의 영향을 받아요. 햇빛이 땅을 뜨겁게 데우면, 데워진 땅은 주위의 공기를 따뜻하게 만들어 기온을 높여 주지요. 그래서 이른 아침에는 기온이 낮았다가 한낮에는 기온이 높아지고, 저녁에는 다시 기온이 낮아져요.

이렇게 기온이 계속 변하기 때문에 날씨를 알릴 때는 하루 중 가장 낮은 기온과 높은 기온을 함께 나타내요.

하나 더
습도는 공기 중에 수증기가 들어 있는 정도를 나타내요. 습도가 높으면 곰팡이가 생기기 쉽고, 습도가 낮으면 불이 나기 쉬워요.

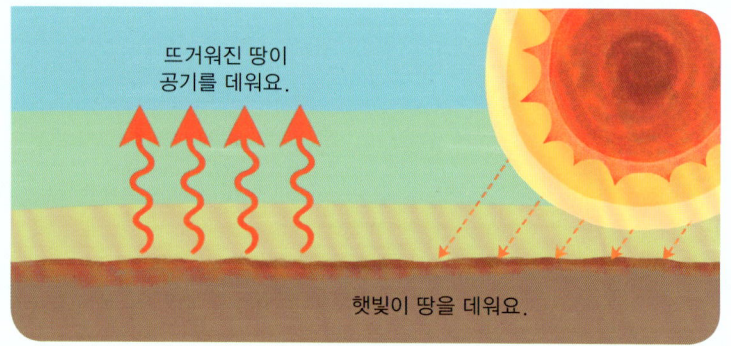

뜨거워진 땅이 공기를 데워요.
햇빛이 땅을 데워요.

구름과 비는 어떻게 만들어질까요?

사람들은 구름의 양에 따라 날씨의 맑고 흐림을 말해요. 또 구름의 모양이나 색을 보고 가랑비가 올지, 소나기가 내릴지, 천둥 번개가 칠지 등 날씨를 짐작하기도 해요.

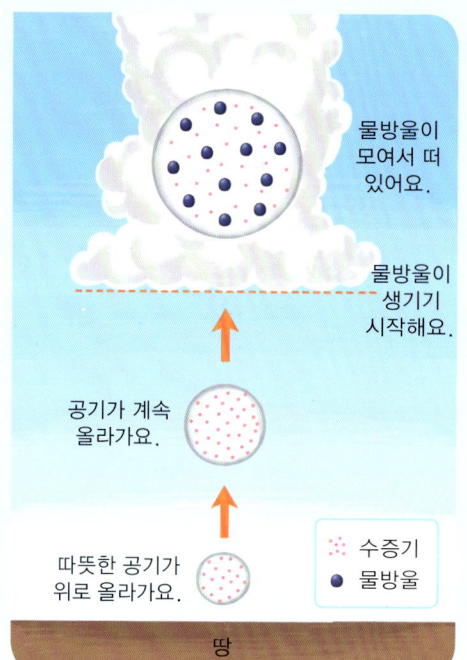

물방울이 모여서 떠 있어요.
물방울이 생기기 시작해요.
공기가 계속 올라가요.
따뜻한 공기가 위로 올라가요.
수증기
물방울
땅

구름 속의 작은 물방울이나 얼음 알갱이가 점점 커지고 무거워지면 땅으로 떨어지는데, 기온이 높으면 '비', 기온이 낮으면 '눈'이 돼요.

수증기가 응결하여 작은 물방울이나 얼음 알갱이 상태로 하늘 높이 떠 있는 게 바로 '구름'이에요.

위로 올라갈수록 공기 중의 수증기가 차가워져 물방울이 돼요. 이걸 '응결'이라고 하지요.

땅 위의 따뜻한 공기가 위로 올라가요.

공기 중의 수증기가 응결하여 하늘 높이 떠 있으면 구름이고, 땅 가까이 떠 있으면 안개예요.

하나 더
이슬은 밤이나 새벽에 기온이 낮아져서 공기 중의 수증기가 응결하여 물체에 닿아 물방울로 맺히는 거예요.

바람은 왜 불까요?

바람은 공기가 움직이는 거예요. 햇빛을 받아 땅이 뜨거워지면 그 위의 공기도 뜨거워져요. 뜨거워진 공기는 가벼워지기 때문에 위로 올라가고, 그 빈 자리를 채우기 위해 주변의 공기가 옆으로 이동해요. 이렇게 공기가 옆으로 이동하는 걸 '바람'이라고 해요. 바람은 두 곳의 온도 차이 때문에 부는 거예요.

땅은 물보다 빨리 데워지고 빨리 식어요. 그래서 낮에는 바다에서 육지 쪽으로 '해풍'이 불고, 밤에는 육지에서 바다 쪽으로 '육풍'이 불어요.

낮에는 육지가 바다보다 온도가 더 높기 때문에 육지의 공기가 위로 올라가고, 바다의 공기가 육지 쪽으로 움직여요.

밤에는 바다가 육지보다 온도가 더 높기 때문에 바다의 공기가 위로 올라가고, 육지의 공기가 바다 쪽으로 움직여요.

그런데 공기가 뜨거워지면 가벼워지면서 공기의 양이 적어지고, 공기가 차가워지면 무거워지면서 공기의 양이 많아져요. 이렇게 주위보다 공기의 양이 적어 압력이 낮은 곳을 '저기압', 주위보다 공기의 양이 많아 공기의 압력이 높은 곳을 '고기압'이라고 해요.

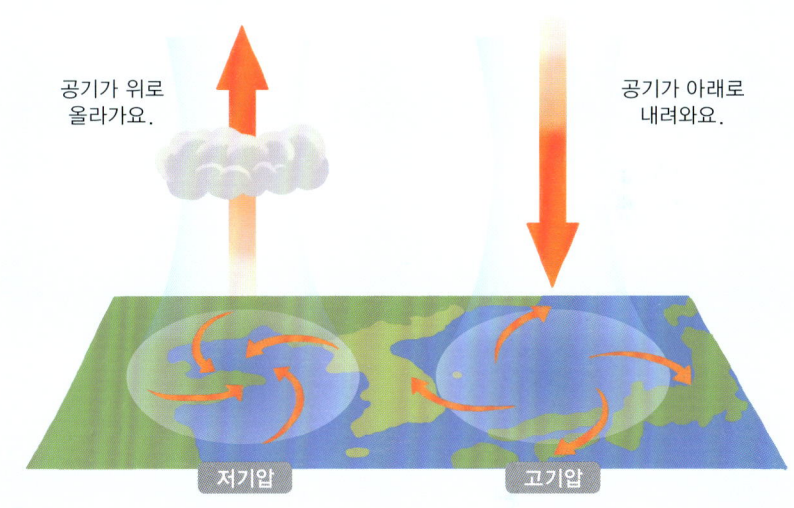

저기압인 곳은 주위의 공기가 위로 올라가 구름이 많이 만들어지기 때문에 날씨가 흐리거나 비나 눈이 내려요.

고기압인 곳은 위에 있던 공기가 아래로 내려오기 때문에 구름이 사라져 날씨가 맑아요.

바람은 공기가 많은 고기압 쪽에서 공기가 적은 저기압 쪽으로 불어요.

하나 더
공기의 무게 때문에 공기가 누르는 압력을 기압이라고 해요.

우리나라는 계절에 따라 왜 날씨가 다를까요?

우리나라는 봄, 여름, 가을, 겨울의 사계절이 있고, 계절에 따라 날씨가 달라져요. 봄은 따뜻하며 건조하고, 여름은 덥고 습하며, 가을에는 선선하며 맑고, 겨울에는 매우 춥고 건조해요.

계절마다 날씨가 다른 까닭은 우리나라로 불어오는 공기 덩어리의 성질이 다르기 때문이에요. 육지 쪽에서 불어오는 공기 덩어리는 건조하고, 바다 쪽에서 불어오는 공기 덩어리는 습기가 많아요. 또 북쪽에서 불어오는 공기 덩어리는 차고, 남쪽에서 불어오는 공기 덩어리는 따뜻하거든요.

하나 더
공기 덩어리는 넓은 지역에 걸쳐 거의 같은 성질을 가지고 있는 공기가 서로 뭉쳐 있는 거예요.

태풍은 무엇일까요?

우리나라는 해마다 여름이 되면 태풍이 찾아와요. 태풍은 엄청난 비와 함께 나타나 빠르게 이동하기 때문에 건물과 도로를 부수고 사람들을 다치게 하지요.

태풍은 북태평양의 따뜻한 바다에서 만들어져 아시아로 불어오는 열대 저기압이에요. 열대 저기압 중에서도 일정 기준 이상의 강한 바람과 비를 몰고 와야만 태풍이라고 하지요.

열대 저기압은 생겨난 지역에 따라 태풍, 허리케인, 사이클론, 윌리윌리처럼 서로 다르게 불러요.

날씨 예보는 어떻게 할까요?

우리는 날씨에 따라 알맞은 옷차림을 하고, 태풍이나 폭설 같은 상황을 미리 대비해요. 그래서 앞으로의 날씨 변화를 예측하여 미리 알려 주는 날씨 예보가 꼭 필요하지요.

날씨 예보를 하려면 먼저 날씨를 관측하고, 자료를 모은 뒤 분석해요. 그런 다음, 자료를 바탕으로 일기도를 작성하고 기상 예보관들이 회의를 통해 발표할 날씨 예보를 정해요. 마지막으로 텔레비전, 라디오, 신문 등을 통해 날씨 예보를 발표하지요.

일기도는 일정한 시각에 여러 지역의 날씨 상태를 기호와 숫자 등을 사용하여 나타낸 지도예요.

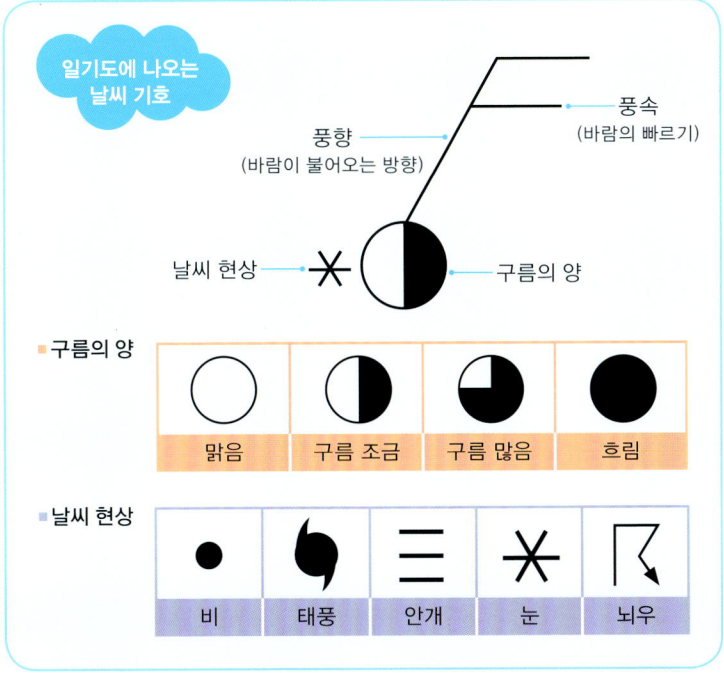

지구 온난화는 왜 일어날까요?

지구 온난화는 지구의 평균 온도가 높아지는 현상이에요. 지구 온난화가 일어나는 까닭 중 하나는 바로 온실 효과예요.

원래 지구는 햇볕을 받으면 일부를 다시 우주로 내보내요. 그런데 공기 속에 있는 이산화 탄소나 메탄, 프레온 같은 기체들은 온실의 유리처럼 열기가 우주로 빠져나가는 것을 막아요. 이처럼 지구의 온도가 높아지게 만드는 걸 '온실 효과', 이산화 탄소처럼 온실 효과를 일으키는 기체를 '온실가스'라고 하지요.

적당량의 온실가스는 지구를 따뜻하게 유지시켜 주는 데 꼭 필요해요. 하지만 요즘은 온실가스가 지나치게 많아져서 지구 온난화가 심해지고 있어요. 지구 온난화가 계속되면 빙하가 녹아 바닷물의 높이가 높아지고 작은 섬들은 바닷속으로 가라앉게 돼요. 또한 기후가 변해서 폭염이나 가뭄, 홍수 등도 자주 일어나요.

날씨 연구와 관련된 주요 사건

기원전 1500년경 ········ 지금의 터키에 해당하는 히타이트에서 날씨의 신 '엔릴'을 위해 춤을 추다.

기원전 340년경 ········ 그리스의 철학자 아리스토텔레스가 《메테오롤로지카》를 쓰고, 물이 증발하여 비가 된다고 설명하다.

1441년 ········ 조선 시대 세종 대왕 때 '측우기'가 발명되다.

1450년 ········ 이탈리아의 알베르티가 바람의 속도를 재는 최초의 '기계식 풍속계'를 만들다.

1492년 ········ 에스파냐의 탐험가들이 대서양에서 허리케인을 뚫고 항해하다.

1643년 ········ 이탈리아의 토리첼리가 '기압계'를 발명하다.

1648년 ········ 프랑스의 파스칼이 '높이가 높아질수록 대기압은 낮아진다.'고 말하다.

1714년 ········ 독일의 파렌하이트가 '수은 온도계'를 발명하다.

1896년 ········ 스웨덴의 아레니우스가 '온실 효과'를 말하다.

1930년대 ········ 19세기 말 이후로 관측되어 온 '지구 온난화' 현상이 세상에 널리 알려지다.

1960년 ········ 첫 기상 위성인 '타이로스 1호(TIROS-1)'가 성공적으로 발사되다.

1972년 ········ 얼음 핵으로 과거의 급격한 기후 변화를 알아내다.

2005년 ········ 미국 국립 허리케인 센터에서 쓸 이름이 바닥날 정도로 허리케인이 많이 발생하다.

2012년 ········ 대형 허리케인 샌디로 인해 사상 처음으로 뉴욕 시의 일부가 물에 잠기다.

날씨에 대한 자료를 얻을 수 있는 인터넷 사이트

기상청 http://www.kma.go.kr

어린이 기상교실 http://www.kma.go.kr/child/main.jsp

국립기상과학원 http://www.nimr.go.kr

기후변화정보센터 http://www.climate.go.kr

캐슬린 쿼들린스키 글

미국 메인주립대학교에서 예술과 생물학을 공부한 뒤, 과학 교사가 되어 아이들을 가르쳤습니다. 지금까지 과학, 전기, 역사 소설을 포함하여 어린이책을 40권 넘게 썼습니다. 이 시리즈 중 하나인 〈공룡아, 진실을 말해 줘!〉로 독일 오펜하임 어워드 금상과 BCCB 블루리본 논픽션 상을 받았고, 다른 책들로 NSTA와 NTSS 상을 받았을 뿐만 아니라 많은 북클럽의 추천 도서에 선정되었습니다. 지금은 미국 코네티컷과 버몬트에 살면서 글을 쓰고 있습니다. 새를 관찰하고, 동물을 그리고, 빨간 에이티브이(ATV)를 타고 자연을 산책하며, 글쓰기를 가르치고, 인터넷으로 어린이들과 화상 통화를 하며 바쁜 하루하루를 보내고 있답니다.

*인터넷 사이트 http://www.kathleenkudlinski.com

세바스티아 세라 그림

에스파냐 바르셀로나대학교에서 미술을 공부한 뒤, 세계 여러 나라의 출판사와 일하며 많은 그림을 그렸습니다. 볼로냐 국제 그림책 원화전의 올해의 일러스트레이터로 세 번이나 선정되었으며, 2003년에는 에스파냐 비평가 협회의 우수 어린이책 상을 받았습니다. 또 잡지나 박물관의 출판물 등에도 그림을 그렸으며, 텔레비전 방송 프로그램을 제작하기도 했습니다. 지금은 지중해와 맞닿은 바르셀로나의 아름다운 마을에서 가족과 함께 살고 있습니다.

*인터넷 사이트 http://www.sebastiaserra.com

이재윤 옮김

대학을 졸업하고 출판사에서 어린이책을 만들었습니다. 지금은 어린이들이 쉽고 재미있게 읽을 수 있는 책을 기획하고 쓰고 있습니다. '웅진 과학 탐험', '집요한 과학씨', '야무진 과학씨' 시리즈를 기획했고, 지은 책으로는 〈공기를 타고 달리는 소리〉, 〈불 박물관〉, 〈자연과 만나는 우리 한옥 이야기〉 등이 있으며, 옮긴 책으로는 〈자동차 여행을 떠나자〉, 〈느림보 로리스〉와 이 시리즈의 〈공룡아, 진실을 말해 줘!〉, 〈태양계야, 진실을 말해 줘!〉, 〈인체야, 진실을 말해 줘!〉가 있습니다.